NOVEI
A L(

MW00791102

**Arregladas para la Oración Privada
en las Fiestas de los Santos**

●

**Con una Breve Meditación Provechosa
antes de Cada Novena**

Por

Rev. Lorenzo G. Lovasik, S.V.D.
Misionero del Verbo Divino

Ilustraciones en Color

CATHOLIC BOOK PUBLISHING CO.
Nueva York

NIHIL OBSTAT: Francis J. McAree, S.T.D.
Censor Librorum
IMPRIMATUR: ✠ Patrick J. Sheridan, D.D.
Vicario General, Archidiócesis de Nueva York

(T-658-S)

PREFACIO

NOVENA quiere decir nueve días de oración pública o privada con especial motivo a intención. Esta práctica tuvo origen en los nueve días que pasaron orando los Apóstoles con María desde la Ascensión hasta el Domingo de Pentecostés. A lo largo de los siglos, la Iglesia ha enriquecido con indulgencias muchas novenas.

Por tanto, hace una novena quien persevera en oración pidiendo alguna gracia durante nueve días o nueve semanas consecutivas. Así ponemos en práctica lo que el Señor nos enseñó diciendo que debemos orar con perseverancia y confianza. Estas son sus palabras: "Pidan y se les dará, busquen y encontrarán, llamen y les abrirán. Porque todo el que pide recibe, y el que busca encuentra, y al que llame se le abrirá" (Lc 11, 9-10).

Los Santos son aquellos que se distingen por la virtud heroica en la vida y aquellos que la Iglesia honra como Santos ó por el magisterio ordinario ó por la definición solemne llamada canonización. El reconocimiento oficial de santidad en la parte de la Iglesia indica que estas personas son ahora en la gloria celestial, que puedan ser invocadas públicamente en ó por todas partes, y que sus virtudes durante la vida o su muerte de Mártir es un testigo y ejemplo para los fieles.

La Iglesia honra los Santos que son ya con el Señor en el cielo porque ellos nos inspiran por el ejemplo heroico de sus vidas y intercedan para nosotros con Dios.

A causa de nuestra unión con Cristo somos unidos con todos aquellos que comparten de su vida en la familia más grande de Dios, la Comunión de los Santos. Nos que somos en la tierra, miembros de la Iglesia Militante, aún peleando la buena batalla de fe como soldados de Cristo, aún viajando en el camino hacía la casa de nuestro Padre, somos ayudados por las plegarias y el estímulo de los miembros victoriosos y benditos de la familia, la Iglesia Triunfal en el cielo. Honramos los Santos y tentamos de imitar el ejemplo de sus vidas virtuosas.

Manifestamos el amor y la unidad que son las nuestras en la Comunión de los Santos también en orando a los Santos en el cielo como nuestros patronos y intercesores con Dios. Su intercesión con Dios es muy eficaz á causa del amor que le han mostrado en la tierra. Al mismo tiempo, nos también compartimos de sus méritos ganados por su vida herioca.

Procura hablar con Dios durante la novena. Ser sincero con El es de capital importancia. A medida que aumente diariamente en ti la oración y la meditación llegarás a conversar con Dios más a gusto que con cualquier amigo íntimo.

Sírvete de tus propias palabras en esta sencilla e íntima charla con Dios; así conseguirás la manera propia y personal de orar. Verás que el Espíritu Santo ilumina tu mente y te da fuerzas para cumplir la voluntad de Dios.

Padre Lorenzo Lovasik, S.V.D.

CONTENIDO

Marzo

Mayo

Junio

Julio

Octubre

Noviembre

SAN JOSE

(19 de Marzo; 1ro de Mayo)

Patrono de la Iglesia Universal

MEDITACION

VENERAMOS a José como esposo de la Santísima Virgen María, padre legal de Jesús y jefe de la Sagrada Familia. Fue el apoyo y protector de María, testigo de su virginidad y consuelo en su difícil vocación.

Dios infudió ánimos a José en un sueño profético. En cierta medida le reveló el misterio de la Encarnación, el adorable Nombre de Jesús y su misión en el mundo. Desaparecieron todas las dudas de la mente de José y por divina inspiración recibió a María como esposa. Le libró de preocupaciones y le coronó de honor.

Grande fue la santidad de José, digna de su vocación. Se mide su santidad por la íntima relación en que se encuentra con María, su impecable virgen-esposa, y con Jesús, su divino Hijo-Nutricio.

Su unión con María es la más íntima que puede existir: unión de corazón a corazón, unión del más puro y santo amor. ¡A qué altura de santidad debe él haber llegado durante esta santa unión en la tierra!

Como padre nutricio de Jesús, José está en estrecha unión con el Hijo de Dios, Fuente de toda santidad. Sin duda que él participa de su infinita santidad más que ningún otro santo, excepto María, su esposa. Innumerables son las gracias y privilegios relacionados con su oficio tan noble.

Debemos honrar y amar a aquel a quien Jesús y María amaron con tanta ternura. Por su intercesión podamos alcanzar la gracia de amar a Jesús y a María con algo de esa ternura y entrega con que él los amó.

José sirvió al divino Niño con especial amor. Dios le dió un corazón lleno de celestial y sobrenatural amor. Mucho más profundo y poderoso de lo que podía ser un amor natural de padre.

José sirvió a Jesús con abnegación, sin buscar el propio interés, pero no sin sacrificios. No trabajó para sí mismo; sólo por el bien de los demás. Parece ser un instrumento que se deja orillado al terminar el trabajo, pues desapareció de escena apenas apareció Jesús.

José disfruta de rango muy especial entre los santos del Reino de Dios, por haber tenido tanta parte en la verdadera vida del Verbo de Dios hecho Hombre. En su casa de Nazaret y bajo su cuidado se preparó la redención del mundo. Lo que él llevo a cabo lo hizo también por quienes Jesús iba a dar su vida. Es santo grande y poderoso en el Reino de Dios y bienhechor del cristianismo y de la humanidad. Su rango en el Reino de los Cielos, que supera con mucho la dignidad y honor de los Angeles y Santos, merece nuestra especial veneración, amor y gratitud.

LA PALABRA DE DIOS

"José ... esposo [de María] ... era un hombre justo."
—Mt 1, 19

"El reserva la victoria para los hombres buenos, es el escudo de los que caminan en la inocencia. El guarda las sendas de los justos y protege la via de la píos."
—Pro 2, 7-8

"José, hijo de David, no temas llevar a tu casa a María, tu esposa.... Dará a luz un hijo, y le pondras por nombre de Jesús, porque El salvará a su pueblo de sus pecados.... Cuando José se despertó, hizo lo que el Angel del Señor le habia ordenado y recibió en su casa a su esposa."
—Mt 1, 20-24

"[Jesús] bajó con ellos a Nazaret, y les obedecía [a María y a José]."
—Lc 2, 51

ORACIONES

Oración propia de la Novena

GLORIOSO San José, tú eres el protector fiel e intercesor en favor de todos los que te aman y veneran. Tengo especial confianza en ti. Eres poderoso ante Dios y nunca abandonarás a quienes te sirven con fidelidad.

Te pido humildemente y me enconmiendo yo mismo con todo lo que me es querido a tu intercesión. Por el amor que tienes a Jesús y María no me abandones en la vida y asísteme en la hora de la muerte.

Glorioso San José, esposo de la Virgen Inmaculada, padre nutricio de Jesucristo, haz que yo tenga una mente pura, humilde, caritativa y perfecto abandono a la voluntad de Dios. Sé mi guía, mi padre y mi modelo de vida para que yo merezca morir como tú en manos de Jesús y de María.

Amado San José, discípulo fiel de Jesucristo, levanto a ti mi corazón implorando tu poderosa intercesión a fin de obtener del Sagrado Corazón de Jesús todas las gracias necesarias para mi bienestar espiritual y temporal, en particular la gracia de una muerte feliz y la gracia especial que ahora imploro *(Mencione el favor que desea)*.

Custodio del Verbo encarnado, confío en que tus oraciones por mí serán bondadosamente escuchadas ante el trono de Dios.

Memorare de San José

ACUERDATE, purísimo esposo de María siempre Virgen, mi amable protector San José, que jamás se ha oído decir que uno solo de cuantos han acudido a tu protección o implorado tu auxilio haya sido desamparado.

Animado de tal confianza, me presento ante ti y te suplico humildemente. ¡Oh padre nutricio del Redentor, no desprecies mis peticiones, antes bien escúchalas con bondad!

Consagración de la Familia

¡OH Jesús, nuestro amadísimo Redentor!, has venido a iluminar el mundo con tu doctrina y tu ejemplo. Quisiste pasar la mayor parte de tu vida obedeciendo humildemente a José y a María en el pobre hogar de Nazaret. De este modo santificaste aquella familia escogida para ejemplo de todas las familias cristianas.

¡Jesús, María, José! Aceptad benignamente nuestra familia que os dedicamos y consagramos. Complaceos en proteger, guardar y custodiarnos en la fe verdadera, en la paz y armonía de la caridad cristiana. Hacednos conforme al modelo divino de nuestra familia y que alcancemos todos la felicidad eterna.

María, Madre de Jesús y Madre nuestra, por tu misericordiosa intercesión haz que éste, nuestro humilde ofrecimiento, merezca ser aceptado por Jesús y nos obtenga su gracia y bendición.

San José, santísimo custodio de Jesús y de María, ayúdanos con tus oraciones en todas nuestras necesidades espirituales y temporales para que podamos alabar a Jesús, nuestro divino Salvador juntamente con María y contigo por toda la eternidad.

Por la Iglesia

GLORIOSO San José, poderoso protector de la Iglesia, imploro tu celestial ayuda en bien de la Iglesia universal, especialmente del Santo Padre y de los Obispos, Presbíteros, Religiosos y Religiosas.

Alienta a los afligidos, consuela a los moribundos, convierte a los pecadores y a los no católicos. Ten misericordia de las pobres almas del Purgatorio, en particular de mis familiares, parientes y amigos. Obtenles pronta remisión de sus castigos para que contigo y en compañía de los Santos y de los Angeles alaben y glorifiquen por siempre a la Santísima Trinidad.

Oración

DIOS, nuestro Padre, que has creado el universo y lo gobiernas, en todo tiempo Tú suscitas personas que desarrollen sus talentos para bien de los demás. Con San José como ejemplo y guía nuestro ayúdanos a cumplir el trabajo que nos mandas y a conseguir la recompensa que has prometido.

Inspirados por el ejemplo de San José, sean nuestras vidas manifestación de amor y gocemos siempre de tu paz. Te lo pedimos por Cristo nuestro Señor. Amén.

Letanía de San José

SEÑOR, ten piedad.
Cristo, ten piedad.
Señor, ten piedad.
Cristo, óyenos.
Cristo, escúchanos.
Dios Padre celestial, *ten piedad de nosotros.*
Dios Hijo Redentor del mundo, *ten piedad de nosotros.*
Dios Espíritu Santo, *ten piedad de nosotros.*
Trinidad Santa un solo Dios, *ten piedad de nosotros.*
Santa María, *ruega por nosotros.* *
San José,
Ilustre descendiente de David,
Luz de los Patriarcas,
Esposo de la Madre de Dios,
Custodio purísimo de la Virgen,
Nutricio del Hijo de Dios,
Diligente defensor de Jesucristo,
Jefe de la Sagrada Familia,
José justísimo,
José castísimo,
José prudentísimo,
José fortísimo,
José obedientísimo,
José fidelísimo,
Espejo de paciencia,
Amante de la pobreza,
Modelo de obreros,
Gloria de la vida doméstica,
Custodio de las vírgenes,
Sostén de las familias,
Consuelo de los desdichados,
Esperanza de los enfermos,
Patrón de los moribundos,
Terror de los demonios,
Protector de la Santa Iglesia,

* *Ruega por nosotros* se repite después de cada invocación.

Cordero de Dios, que quitas los pecados del mundo, *perdónanos, Señor.*

Cordero de Dios, que quitas los pecados del mundo, *escúchanos, Señor.*

Cordero de Dios, que quitas los pecados del mundo, *ten piedad de nosotros.*

℣. Le hiciste Señor de tu Casa,

℟. *Y administrador de tus bienes.*

OREMOS: Oh Dios, que con inefable providencia te dignaste elegir a San José esposo de tu Santísima Madre: te rogamos nos concedas tenerle como intercesor en el cielo ya que le veneramos como protector en la tierra. Tú que vives y reinas por los siglos de los siglos. ℟. *Amén.*

— MAYO —

SANTA RITA

(22 de Mayo)

Abogada de lo imposible

MEDITACION

SE puede decir de Santa Rita que es la Abogada para resolver los problemas de la familia. Fue, en pleno sentido de la palabra, víctima de un matrimonio fracasado. Nació en 1381 de una modesta familia campesina del centro de Italia.

Cuando Rita, de muy joven, dió muestras de inclinarse por la vida religiosa y pidió permiso a sus padres para irse a un convento, ellos se negaron a oir hablar de ello. Al contrario, apenas alcanzó los quince años le prepararon matrimonio con el hombre que ellos escogieron según era la costumbre entonces. Rita, entristecida de corazón, pero convencida de que en estos asuntos obedecer a sus padres es obedecer a Dios, se acomodó a esta nueva vocación y resolvió ser una buena esposa para salvar y santificar su alma.

El marido de Rita era de temperamento violento, que degeneró en brutalidad. Golpeaba, daba patadas a su joven esposa cuando volvía a casa después de haber perdido en el juego con sus compañeros. Era, además, notoria su infidelidad matrimonial.

Tuvieron dos hijos en los primeros años de casados. Aunque Rita hacía lo mejor posible para educarlos en conocimiento y amor de Dios, a su padre le encantaba llevarlos por sus propios caminos del mal.

El marido fue apuñalado una noche al encontrarse con un señor, que ya estaba harto de sus formas violentas. El marido de Rita estaba ya para morir y volviendo sobre sí se mostraba arrepentido de su mala vida. Gracia que le merecieron sin duda las oraciones de Rita.

Poco después morían los dos hijos en su temprana edad. "Sólo te pido, Señor, que mueran en tu gracia", oraba Rita. Fue escuchada su oración. Ambos, en el lecho de muerte, tuvieron tiempo de arrepentirse y recibir los Sacramentos.

Rita soportó heroicamente por dieciocho años los problemas de su vida matrimonial. Sola en el mundo, acudió enseguida a un convento de Agustinas pidiendo ser admitida como Religiosa. Pero no terminaron aquí los sufrimientos.

Próxima a los sesenta años, apareció una pequeña herida en la frente de Rita, como si hubiera penetrado en su carne una espina de la corona de nuestro Señor. Durante sus últimos dieciseis años, esta mujer, mística de la Cruz, llevó con paciencia y amabilidad la señal externa y dolorosa de la estigmatización y unión con Cristo. Como esto iba acompañado de una enfermedad agotadora, Rita necesitó cuidados especiales y la aislaron en un extremo del convento.

Por fin murió en plena conformidad con la voluntad de Dios el 22 de Mayo de 1457, reconocida por todos como Santa. Su fiesta se celebra el 22 de Mayo.

LA PALABRA DE DIOS

"He venido a poner al hijo en contra de su padre; a la hija en contra de su madre.... Los enemigos de un hombre serán los de su propia familia."　　—Mt 10, 35-36

"El que permanece en Mí, y Yo en él, produce mucho fruto, pero sin Mí no pueden ustedes hacer nada."

—Jn 15, 5

"En cuanto a mí, no quiero sentirme orgulloso de nada, sino de la cruz de nuestro Señor Jesucristo. Por él el mundo ha sido crucificado para mí, y yo, para el mundo."　　—Gal 6, 14

ORACIONES

Oración al Padre celestial

PADRE celestial, que premias a los hombres, Tú bendijiste a Rita enriqueciéndola con caridad y paciencia. A ejemplo de la pobreza y humildad de tu Hijo la mantuviste fiel durante los años de su vida matrimonial y especialmente en el convento donde te sirvió el resto de su vida.

En Santa Rita nos das un ejemplo del Evangelio llevado a la perfección, pues la llamaste a buscar tu reino en este mundo esforzándose por vivir en perfecta caridad. Con su vida Tú nos enseñas que los Mandamientos del Cielo se reducen a amarte a Ti y a los demás.

Que las oraciones de Santa Rita me ayuden y su ejemplo me inspire para llevar la Cruz y amarte siempre. Derrama sobre mí el espíritu de sabiduría y amor con que Tú enriqueciste a tu sierva para que yo te sirva fielmente y alcance la vida eterna. Te lo pedimos por Jesucristo nuestro Señor. Amén.

Oración propia de la Novena

SANTA Rita, por medio tuyo Dios nos ha dado un ejemplo de caridad y paciencia haciéndote participar en la Pasión de tu Hijo. Te doy gracias por las muchas bendiciones con que te enriqueció en vida, especialmente durante tu infeliz matrimonio y la enfermedad del convento.

Que tu ejemplo me anime a llevar con paciencia la propia cruz y crecer en santidad. Sirviendo a Dios como tú, pueda yo complacerle con mi fe y mis obras.

Mi debilidad me lleva a caer. Ruega a Dios por mí para que con su gracia me restablezca en su amor y me ayude en el camino de salvación.

Por tu bondad atiende mi oración y pide a Dios me conceda, si es su voluntad, la gracia particular que ahora pido *(Mencione lo que desea).*

Que tus oraciones me ayuden a vivir con fidelidad mi vocación como tú hiciste y me lleven a amar más profundamente a Dios y al prójimo hasta alcanzar la vida eterna en el Cielo.

Oración de la Novena (opcional)

SANTA Rita, patrona de quienes están apurados, tus súplicas intercesoras ante Dios son irresistibles. Por tu prodigalidad en conceder favores te llaman "Abogada de los casos desesperados", o "de lo imposible". Eres tan humilde, mortificada, paciente y misericordiosa por amor de Cristo crucificado que alcanzas a conseguir de El cuanto pidas. Por eso, lleno de confianza acudo a ti con la esperanza de consuelo y alivio.

Sé propicia hacia tus suplicantes y muestra tu poder con Dios en su beneficio. Sé generosa con tus favores nunca como tú has sido en tantas cosas admirables por la gloria más grande de Dios, la difusión de la devoción hacia ti y la consolación de los que ponen su confianza en ti. Prometemos, si lo que deseamos se concede, de glorificarte proclamando tu favor, y bendecirte y cantar tu alabanzas para siempre. Confiando en tus méritos y tu poder hacia el Sagrado Corazón de Jesús, pedimos de ti *(Mencione el favor que desea).*

Oración final

¡OH Dios!, por tu infinita ternura te has complacido en atender las súplicas de tu sierva Rita, y concederle lo que es imposible desde el punto de vista humano: su habilidad y fortaleza. Así la recompensaste por su amor compasivo y confianza firme en tus promesas.

Compadécete de nuestras adversidades y consuélanos en las desgracias, para que los descreídos puedan reconocer que Tú eres recompensa de los humildes, defensa de los que tienen esperanza y fortaleza de los que confían en Ti. Te lo pedimos en nombre de Jesús, el Señor. Amén.

SAN ANTONIO DE PADUA

(13 de Junio)

El hacedor de milagros

MEDITACION

LOS padres de San Antonio eran muy ricos y querían ver a su hijo como distinguido hombre de sociedad. El, en cambio, quería ser pobre por amor de Cristo y por eso se hizo franciscano.

Antonio era un gran predicador. Lo mandaron como misionero por numerosas ciudades de Italia y Francia. Convirtió a muchos pecadores sobre todo con su buen ejemplo.

Cuentan que mientras oraba en su habitación se le apareció Jesús, le puso las manitas al cuello y lo besó. Antonio recibió esta gracia extraordinaria porque mantuvo su alma limpia incluso del más mínimo pecado y amaba mucho a Jesús.

Cuando Antonio enfermó se retiró a un monasterio en las afueras de Padua, donde murió a la edad de 36 años, el 13 de Junio de 1231.

Treinta y dos años después sus restos fueron trasladados a Padua. La lengua se conservaba íntegra, sin haberse corrompido mientras que el cuerpo estaba aniquilado.

Sucedieron muchos milagros después de su muerte. Aun hoy día le llaman el Santo "de los milagros." Su fiesta se celebra el 13 de Junio.

El entusiasmo popular ha hecho que San Antonio, más que otros, sea universalmente reconocido por los fieles de todo el mundo. "Santo universal" le llaman. Durante los siete siglos ya transcurridos desde su muerte, millones de personas se han sentido atraidas a este gran "Franciscano Milagroso".

Fue otro franciscano, San Buenaventura, quien dijo: "Acude con confianza a Antonio, que hace milagros, y él te conseguirá lo que buscas."

LA PALABRA DE DIOS

"El Espíritu del Señor está sobre mí. El me ha ungido para anunciar Buenas Nuevas a los pobres." —Lc 4, 18

"Publiqué tu justicia en la reunión solemne.... Habló de tu fidelidad y tu salvación." —Sal 40, 10-11

"La lengua del justo es plata fina.... Los labios del justo instruyen a muchos." —Pro 10, 20-21

"El libre y salva, obra señales y milagros en los cielos y en la tierra."
—Dn 6, 28

ORACIONES

Oración propia de la Novena

SAN Antonio, glorioso por la fama de tus milagros, obtenme de la misericordia de Dios esta gracia que deseo *(Mencione el favor que pide).*

Como tú eres tan bondadoso con los pobres pecadores, no mires mi falta de virtud antes bien considera la Gloria de Dios que será una vez más ensalzada por ti al concederme la petición que yo ahora encarecidamente hago.

Glorioso San Antonio de los milagros, padre de los pobres y consuelo de los afligidos, te pido ayuda.

Has venido en mi auxilio con tan amable solicitud y me has aliviado tan generosamente que me siento agradecido de corazón.

Acepta esta ofrenda de mi devoción y amor. Renuevo la seria promesa de vivir siempre amando a Dios y al prójimo.

Continúa defendiéndome benignamente con tu protección y obtenme la gracia de poder un día entrar en el Reino de los Cielos, donde cantar eternamente las misericordias del Señor. Amén.

Letanía de San Antonio

(como devoción privada)

SEÑOR, ten piedad.
Cristo, ten piedad.
Señor, ten piedad.
Cristo, óyenos.
Cristo, escúchanos.
Santa María, *ruega por nosotros.* *
San Francisco,
San Antonio de Padua,
Gloria de la Orden de Frailes Menores,
Mártir en el deseo de morir por Cristo,
Columna de la Iglesia,
Digno sacerdote de Dios,
Predicador apostólico,
Maestro de la verdad,
Vencedor de herejes,
Terror de los demonios,
Consuelo de los afligidos,
Auxilio de los necesitados,
Guía de los extraviados,
Restaurador de las cosas perdidas,
Intercesor escogido,
Constante obrador de milagros,
Sé propicio, *perdónanos, Señor.*
Sé propicio, *escúchanos, Señor.*
De todo mal, *líbranos, Señor.***
De todo pecado,
De todo peligro de alma y cuerpo,
De los lazos del demonio,
De la peste, hambre y guerra,
De la muerte eterna,
Por los méritos de San Antonio,
Por su celo en la conversión de los pecadores,
Por su deseo de la corona del martirio,

Ruega por nosotros se repite después de cada invocación hasta *Sé propicio.*
**Líbranos, Señor* se repite después de cada invocación hasta *En el día del juicio.*

Por sus fatigas y trabajos,

Por su predicación y doctrina,

Por sus lágrimas de penitencia,

Por su paciencia y humildad,

Por su gloriosa muerte,

Por sus numerosos prodigios,

En el día del juicio,

Nosotros, pecadores, *te rogamos, óyenos.* ***

Que nos guíes por caminos de verdadera penitencia,

Que nos concedas paciencia en los sufrimientos,

Que nos asistas en las necesidades,

Que oigas nuestras oraciones y peticiones,

Que enciendas en nosotros el fuego de tu amor,

Que nos concedas la protección e intercesión de San Antonio,

Hijo de Dios,

Cordero de Dios que quitas los pecados del mundo, *perdónanos, Señor.*

Cordero de Dios que quitas los pecados del mundo, *escúchanos, Señor.*

Cordero de Dios que quitas los pecados del mundo, *ten piedad de nosotros.*

Cristo, óyenos.

Cristo, escúchanos.

℣. Ruega por nosotros, oh bienaventurado San Antonio,

℟. *Para que seamos dignos de la promesas de Cristo.*

****Te Rogamos, óyenos* se repite después de cada invocación hasta *Hijo de Dios.*

Oración

OREMOS: ¡Dios, todopoderoso y eterno!, glorificaste a tu fiel confesor Antonio con el don constante de hacer milagros. Concédenos que cuanto pedimos confiadamente por sus méritos estemos ciertos de recibirlo por su intercesión. Te lo pedimos en nombre de Jesús, el Señor. ℟. *Amén.*

—JULIO—

SANTA ANA

(26 de Julio)

Patrona de las madres

MEDITACION

GRANDE es la dignidad de Santa Ana por ser la Madre de la Virgen María, predestinada desde toda la eternidad para ser Madre de Dios, la santificada desde su concepción, Virgen sin mancilla y mediadora de todas las gracias. Nieto de Santa Ana fue el Hijo de Dios hecho Hombre, el Mesías, el Deseado de las naciones. María es el fundamento de la gloria y poder de Santa Ana a la vez que es gloria y corona de su madre.

La *santidad* de Santa Ana es tan grande por las muchas gracias que Dios le concedió. Su nombre significa "gracia". Dios la preparó con magníficos dones y gracias. Como las obras de Dios son perfectas, era lógico que El la hiciese madre digna de la criatura más pura, superior en santidad a toda criatura e inferior sólo a Dios.

Santa Ana tenía celo por hacer obras buenas y esforzarse en la virtud. Amaba a Dios sinceramente y se sometió a su santa voluntad en todos los sufrimientos, como fue su esterilidad durante veinte años, según cuenta la tradición. Esposa y madre fue fiel cumplidora de sus deberes para con el esposo y su encantadora hija María.

Muy grande es el *poder* intercesor de Santa Ana. Ciertamente santa y amiga de Dios, distinguida sobre todo por ser la abuela de Jesús en cuanto Hombre. La Santísima Trinidad le concederá sus peticiones: el Padre, para quien ella gestó, cuidó y educó a su hija predilecta; el Hijo, a quien le dió madre; el Espíritu Santo, cuya esposa educó con tan gran solicitud.

Esta Santa privilegiada sobresale en mérito y gloria, cercana al Verbo encarnado y a su Santísima Madre. Sin duda que Santa Ana tiene mucho poder ante Dios. La madre de la Reina del Cielo, que es poderosa por su intercesión y Madre de misericordia, es también llena de poder y de misericordia.

Tenemos muchos motivos para escoger a Santa Ana como nuestra intercesora ante Dios. Como abuela de Jesucristo, nuestro Hermano según la carne, es también nuestra abuela y nos ama a nosotros sus nietos. Nos ama mucho porque su nieto Jesús murió por nuestra salvación y María, su hija, fue proclamada Madre nuestra bajo la Cruz. Nos ama de verdad en atención a las dos Personas que ella amó más en esta vida: a Jesús y a María. Si su amor es tan grande, su intercesión no será menos. Debemos, por tanto, acudir a ella con gran confíanza en nuestras necesidades. No hay la menor duda de que esto agrada a Jesús y a María, quienes la amaron tan profundamente. Se celebra la fiesta de Santa Ana el día 26 de Julio.

LA PALABRA DE DIOS

"[Ana] nunca salía del Templo, sirviendo día y noche al Señor."
—Lc 2:37

"Recibirá la bendición del Señor, la recompensa de Dios, su Salvador."
—Sal 24, 5

"Dichosos los ojos de ustedes porque ven y sus oídos porque oyen.... Muchos profetas y hombres justos ansiaron ver lo que ustedes ven, pero no lo vieron."
—Mt 13, 16-17

ORACIONES

Oración propia de la Novena

GLORIOSA Santa Ana, quiero honrarte con especial devoción. Te escojo, después de la Santísima Virgen, por mi madre espiritual y protectora. Te encomiendo mi alma y mi cuerpo, todos mis intereses: espirituales y temporales y los de mi familia.

Te consagro mi mente, para que en todo se guíe por la luz de la fe; mi corazón para que se conserve puro y lleno de amor a Jesús, a María, a José y a ti misma; mi voluntad para que, como la tuya, esté siempre conforme con la de Dios.

Buenísima Santa Ana, desbordante de amor para cuantos te invocan y de compasión con los que sufren. Confiadamente pongo ante ti la necesidad de que me concedas esta gracia en particular *(Mencione el favor que desea).*

Te suplico recomiendes mi petición a tu Hija, la Santísima Virgen María, para que ambas, María y tú, la presenteis a Jesús. Por tu valiosa intercesión sea cumplido mi deseo.

Pero si lo que pido no fuere voluntad de Dios, obtenme lo que sea de mayor bien para mi alma. Por el poder y gracia con que Dios te ha bendecido dame una mano y ayúdame.

Te pido sobre todo, misericordiosísima Santa Ana, me ayudes a dominar mis malas inclinaciones de mi estado de vida y de practicar las virtudes que sean más necesarias para mi salvación.

Como tú, haz que yo logre por el perfecto amor a Dios ser para El en vida y en muerte. Que después de haberte amado y honrado en la tierra con verdadera devoción de hijo pueda, por tus oraciones, tener el privilegio de amarte y honrarte en el Cielo con los ángeles y Santos por toda la eternidad.

Bondadosísima Santa Ana, madre de aquella que es nuestra vida, muestra tu dulzura y dame esperanza, intercede ante tu Hija, para que yo alcance la paz.

Memorare a Santa Ana

RECUERDA, gloriosa Santa Ana, pues tu nombre significa gracia y misericordia, que nunca se ha oído decir que uno solo de cuantos se acogieron a tu protección o han implorado tu auxilio y buscado tu intercesión hayan sido desamparados.

Yo, pecador, animado de tal confianza, acudo a ti, santa madre de la Inmaculada Virgen María y encantadora abuela del Salvador. No rechaces mi petición, antes bien escucha y accede a mis ruegos. Amén.

Oración a San Joaquín y Santa Ana

INSIGNE y glorioso patriarca San Joaquín y bondadosísima Santa Ana, ¡cuanto es mi gozo al considerar que fueron escogidos entre todos los Santos de Dios para dar cumplimiento divino y enriquecer al mundo con la gran Madre de Dios, María Santísima! Por tan singular privilegio, han llegado a tener la mayor influencia sobre ambos, Madre e Hijo, para conseguirnos las gracias que más necesitamos.

Con gran confianza recurro a su protección poderosa y les encomiendo todas mis necesidades espirituales y materiales y las de mi familia. Especialmente la gracia particular que confío a su solicitud y vivamente deseo obtener por su intercesión.

Como ustedes fueron ejemplo perfecto de vida interior, obténganme el don de la más sincera oración. Que yo nunca ponga mi corazón en los bienes pasajeros de esta vida.

Denme vivo y constante amor a Jesús y a María. Obténganme también una devoción sincera y obediencia a la Santa Iglesia y al Papa que la gobierna para que yo viva y muera con fe, esperanza y perfecta caridad.

Que yo siempre invoque los santos Nombres de Jesús y de María, y así me salve.

Letanía en honor de Santa Ana
(como devoción privada)

SEÑOR ten piedad.
Cristo, *ten piedad.*
Señor, ten piedad.
Cristo, óyenos.
Cristo, escúchanos.
Dios, Padre celestial, *ten piedad de nosotros.*
Dios, Hijo, Redentor del mundo, *ten piedad de nosotros.*
Dios, Espíritu Santo, *ten piedad de nosotros.*
Santísima Trinidad, un solo Dios, *ten piedad de nosotros.*
Santa Ana, *ruega por nosotros.**
Descendiente de la familia de David,
Hija de los patriarcas,
Fiel esposa de San Joaquín,
Madre de María, la Virgen Madre de Dios,
Amable madre de la Reina del Cielo,
Abuela de nuestro Salvador,
Amada de Jesús, María y José,
Instrumento del Espíritu Santo,
Ricamente dotada de las gracias de Dios,
Ejemplo de piedad y paciencia en el sufrimiento,
Espejo de obediencia,
Ideal del auténtico feminismo,

*Ruega por nosotros se repite después de cada invocación.

Protectora de vírgenes,

Modelo de madres cristianas,

Protectora de las casadas,

Guardiana de los niños,

Apoyo de la vida familiar cristiana,

Auxilio de la Iglesia,

Madre de misericordia,

Madre merecedora de toda confianza,

Amiga de los pobres,

Ejemplo de las viudas,

Salud de los enfermos,

Cura de los que sufren del mal,

Madre de los enfermos,

Luz de los ciegos,

Voz de quienes no pueden hablar,

Oído de los sordos,

Consuelo de los afligidos,

Alentadora de los oprimidos,

Alegría de ángeles y Santos,

Refugio de los pecadores,

Puerto de salvación,

Patrona de la buena muerte,

Auxilio de cuantos recurren a ti,

Cordero de Dios, que quitas los pecados del mundo, *perdónanos, Señor.*

Cordero de Dios, que quitas los pecados del mundo, *escúchanos, Señor.*

Cordero de Dios, que quitas los pecados del mundo, *ten piedad de nosotros.*

℣. Ruega por nosotros, buenísima Santa Ana,

℟. *Para que seamos dignos de las promesas de Cristo.*

OREMOS: Dios todopoderoso y eterno, te has complacido en escoger a Santa Ana para que de ella naciera la Madre de tu amado Hijo. Haz, te rogamos, que cuantos la honramos con especial confianza podamos, por su intercesión, alcanzar la vida eterna. Te lo pedimos por Jesucristo nuestro Señor. ℞. *Amén.*

SANTA TERESA DEL NIÑO JESUS

(1ro de Octubre)

Patrona de las misiones

MEDITACION

TERESA nació el 2 de Enero de 1873 en Alençon, Francia. Fueron nueve hermanos. Cuatro murieron de pequeñitos; cinco ingresaron en la vida religiosa. El padre y la madre eran ejemplos de vida cristiana. Todos los días asistían a la misa por la mañana y juntos recibían la Comunión.

Ser esposa de Cristo había sido ardiente deseo de Teresa desde que tenía tres años. Cuando llegó a los nueve y más aún a los diez pidió ser admitida en el Carmelo de Lisieux. Se abrió finalmente la puerta del convento para ella cuando cumplió los quince años. Las superioras pusieron sus virtudes a dura prueba. El diez de Enero de 1889 vistió el santo hábito y recibió el nombre de Hermana Teresa del Niño Jesús y de la Santa Faz. Profesaba haciendo sus santos votos el 8 de Septiembre de 1890 y se entregaba plenamente a la práctica de la vida interior. Por el camino de la infancia espiritual, de amor y confianza, alcanzó gran santidad.

Teresa sufrió mucho durante su corta vida, sufrimiento escondido que ofrecía por amor de Dios para la conversión de los pecadores y por la santificación de los sacerdotes. Ella escribe: "¡Conozco un solo camino para llegar a la perfección: Amar! Amemos, pues nuestro corazón no ha sido hecho para otra cosa. Quiero entregarlo todo a Jesús, porque me da a entender que El solo es la felicidad perfecta. Dios Buenísimo no necesita años para llevar a cabo su obra de amor en el alma. El amor puede suplir largos años. Para Jesús, que es eterno, no importa el tiempo; sólo el amor."

Poco antes de su muerte decía Teresa: "Siento que mi misión va a comenzar, la misión de llevar a otros a amar a Dios como yo le amo, y enseñar a las almas mi caminito de confianza y entrega. Voy a pasar mi cielo haciendo el bien para la tierra." Su misión es enseñar a las almas el camino de infancia espiritual. Entre todas las virtudes propias de la edad infantil le llamaron la atención sobre todo la confianza y tierno amor que los pequeñitos muestran a sus padres. Amor, confianza, y abandono fueron la clave de su vida espiritual.

El 30 de Septiembre de 1897 Teresa, verdadera víctima del Amor divino, murió de tuberculosis, enfermedad que, en su caso, había asumido muy penosas características. Momentos antes de morir, la paciente, en pleno sufrimiento, hacía una vez más, un acto de perfecto abandono. Y echando una mirada a su crucifijo decía: "¡Oh, yo te amo! ¡Dios mío, yo te amo!" Tenía venticuatro años cuando murió.

Santa Teresa del Niño Jesús fue canonizada ventiocho años después de su muerte y declarada a la vez Patrona de las Misiones Extranjeras. Le tenía especial devoción el Papa Pio XI, que la canonizó. Y dijo: "Esta luz encendió el amor por el cual vivió y del cual murió, no dando a Dios nada más que amor y resolución de salvar muchas almas para que amasen a Dios por toda la eternidad. Su lluvia de místicas rosas prueba que ha comenzado su trabajo. Y es nuestro más vivo deseo que todos los fieles estudien a Santa Teresa del Niño Jesús para imitar su ejemplo." Su fiesta se celebra el 1ro de Octubre.

LA PALABRA DE DIOS

"No se alegren de que se les sometan los espíritus; sino alégrense de que sus nombres están escritos en el cielo."   —Lc 10, 20

"Les aseguro que a meno que ustedes cambien y se vuelvan como niños, no podrán entrar en el Reino de los Cielos."   —Mt 18, 3

"Dichosos los de corazón humilde, porque recibirán la tierra en herencia."   —Mt 5, 5

ORACIONES

Oración propia de la Novena

¡SANTA Teresa del Niño Jesús! Durante tu corta vida en la tierra llegaste a ser espejo de pureza angelica, de amor fuerte como la muerte y de total abandono en manos de Dios. Ahora que gozas de la recompensa de tus virtudes vuelve hacia mí tus ojos de misericordia, pues yo pongo toda mi confianza en ti.

Obtenme la gracia de guardar mi mente y corazón limpios como los tuyos y que aborrezca sinceramente cuanto pueda de alguna manera empañar la gloriosa virtud de la pureza, tan querida de nuestro Señor.

Encantadora rosa y reinecita, recuerda tus promesas de que jamás dejarías sin atender ninguna petición que te hiciera, que enviarías una lluvia de rosas y vendrías a la tierra para hacer el bien.

Con la confianza que me inspira tu poder ante el Sagrado Corazón imploro tu intercesión en mi provecho y me concedas esta gracia que yo tanto deseo *(Mencione lo que desea)*.

Santa "Teresita", recuerda tu promesa de "hacer bien en la tierra" y que enviarías "lluvia de rosas" sobre quienes te invoquen. Obtenme de Dios las gracias que quiero de su infinita bondad. Que yo experimente el poder de tus oraciones en cualquier necesidad.

Consuélame en todas las amarguras de la vida presente y en especial cuando me llegue la hora de la muerte, para que yo sea digno de tener parte en la felicidad eterna de que tú disfrutas en el Cielo. Amén.

Otra Oración

¡GLORIOSA Santita mía! Espero confiadamente alcanzarás de Dios la gracia especial que en esta novena te pido.

Yo, en cambio, prometo imitar, con todas mis fuerzas, tus heroicas ejemplos, y apropiarme las páginas de tu vida encantadora para que tenga la dicha de gozar de Dios en tu compañía en la patria de los santos....

En tanto, quiero, como tú, oh Florecita de Jesús, "deshojar" en la tierra las flores de mis caricias a los pies del Amor de los Amores y cantar tus encantadoras armonías.

"Por sólo tus amores, Jesús, mi bien amado,
En ti mi vida puse, mi gloria y porvenir;
Y ya que para el mundo soy una flor marchita,
No tengo más anhelo que, amándote, morir...."

Oración final

PADRE celestial, por medio de Santa Teresa del Niño Jesús, quieres recordar al mundo el amor misericordioso que llena tu Corazón y que pongamos en El nuestra confianza como los niños en sus padres. Humildemente te damos gracias por haber coronado de tanta gloria a tu hija Teresa, siempre fiel, y por haberle dado el admirable poder de acercar a ti día tras día innumerables almas que te alaben eternamente.

¡Oh Señor! Tú dijiste: "Si no ... vuelven a ser como niños no podrán entrar en el Reino de los Cielos" (Mt 18, 3). Concédenos, te rogamos, seguir las huellas de tu virgen Teresa con humildad y pureza de intención para que podamos alcanzar los premios eternos. Tú que vives y reinas por los siglos de los siglos. Amén.

LOS SANTOS ANGELES

(2 de Octubre)

MEDITACION

*L*OS *ángeles nos acompañan en adoración.* Son ministros del Señor, infinitamente bueno. Es voluntad de Dios que nos ayuden a adorarle.

Los ángeles presiden las reuniones del culto cristiano, como se ve por las oraciones de la Iglesia. La liturgia es una participación de la que celebran los ángeles en el Cielo. Unámonos a ellos con reverencia para alabar a Dios. Su ministerio consiste en inspirarnos con fe y amor a que realicemos dignamente nuestra adoración. Nos preparamos internamente para recibir los Sacramentos, pues la Iglesia los invoca en nuestra ayuda.

Los ángeles nos ayudan contra el mal. Ellos nos ayudan en la lucha contra el diablo. El Nuevo Testamento nos pide que tengamos fe en Dios, fe en Cristo, y que usemos las armas de Dios. Dios envió sus ángeles para darnos la ayuda que necesitamos contra el mal. Este es su ministerio en la obra de nuestra salvación, continuando la batalla una vez comenzada contra Lucifer y sus ángeles rebeldes.

Nos inspiran pensamientos contra las insinuaciones diabólicas y nos invitan a que acudamos a Dios en oración. Sólo en el Cielo conoceremos lo mucho que realmente nos han ayudado en la lucha contra el diablo.

Los ángeles anhelan nuestra salvación. Con los ángeles participamos de la vida divina, y somos como ellos criaturas de Dios en Cristo Jesús. Por eso, ellos anhelan nuestra salvación: que juntos con ellos glorifiquemos a Dios y disfrutemos viendo su gloria.

Con gozo los ángeles aceptan las misiones que Dios los encomienda para nuestra santificación. Vencedores de los demonios, los ángeles nos protejen contra los enemigos del alma. Haríamos bien pidiéndoles que nos asistan para rechazar las tentaciones del Malo.

Los ángeles, además, presentan nuestras oraciones ante Dios acompañando con sus plegarias nuestras peticiones. Nos conviene, pues, encomendarnos a ellos especialmente en los momentos difíciles y sobre todo en la hora de la muerte, para que nos defiendan de los ataques del enemigo y lleven nuestras almas al Cielo.

Tenemos Angel de la Guarda. Hay algunos ángeles con misión de cuidar de las almas en particular. Se les llaman Angeles de la Guarda. Es doctrina tradicional de los primeros escritores de la Iglesia, basada en textos de la Sagrada Escritura y fundada sobre razones sólidas. Lo prueba el hecho de haber establecido la fiesta en honor de los Angeles de la Guarda.

El Creador no abandona las criaturas a que dió existencia; les proporciona cuanto necesiten para lograr su perfección natural. Cristo murió por todos y para todos mereció los medios de salvación. La asistencia de los ángeles es parte del plan de Dios para salvar a todas las gentes.

Los ángeles también oran por nosotros. En las vidas de los santos observamos que se comunican frecuentemente con los ángeles. Comunicación fundada en la sencilla fe de que espíritus invisibles a quienes el amor induce a orar por las personas en particular y por las comunidades ante el trono de Dios.

Los ángeles ayudan ante todo en el campo espiritual y sobrenatural. Esto lleva consigo su solicitud por las necesidades corporales en la medida en que éstas se relacionan con la salvación y santificación.

Debemos amar y venerar al propio Angel de la Guarda, porque él nos mantiene en comunicación con el Cielo. Ha sido siempre y continúa siendo nuestro devoto amigo, dispuesto en todo momento a ayudarnos en nuestro camino del Cielo.

Honrando a nuestro Angel de la Guarda, honramos a Dios al mismo tiempo, pues lo representan en la tierra. Es gran honor tener por amigo a criatura tan bella y leal a Dios.

LA PALABRA DE DIOS

"Yo voy a enviar un Angel delante de ti para que te proteja en el camino y te conduzca hasta el lugar que te he preparado. Respétalo y escucha su voz."

—Ex 23, 20-21

"El te encomendó a sus Angeles para que te cuiden en todos tus caminos. Ellos te llevarán en sus manos para que no tropieces contra ninguna piedra."

—Sal 91, 11-12

"Tengan cuidado de despreciar a alguno de estos pequeños, pues les digo que sus Angeles en el Cielo contemplan sin cesar el rostro de mi Padre que está en los Cielos. Porque el Hijo del Hombre ha venido a salvar lo que estaba perdido."   —Mt 18, 10-11

ORACIONES

Oración propia de la Novena

*P*ADRE *celestial,* Creador de cielo y tierra, te alabo y te doy gracias porque, además de crear el mundo visible, has creado los cielos y los innumerables espíritus. Los creaste con todo esplendor, dotados de poder y de entendimiento, y dándoles en abundancia las riquezas de tu gracia.

Te alabo y te doy gracias por haber derramado estas bendiciones sobre los ángeles buenos, en especial sobre mi Angel de la Guarda, y por haberles premiado con la gloria eterna cuando pasaron el tiempo de prueba. Ahora rodean tu trono para siempre cantando jubilosos: Santo, santo, santo, ¡Señor Dios de los ejércitos! El cielo y la tierra están llenos de tu gloria. ¡Hosanna en las alturas!

Hijo eterno de Dios, te rindo honor como al Rey de los ángeles. Tú mismo te has dignado nombrarte y actuar como ellos viviendo entre nosotros, como el Angel y Mensajero de Dios. Fuiste el compañero fiel y el constante guía del pueblo escogido. Por tu encarnación viniste a ser el embajador de nuestro Padre celestial y el Mensajero del gran decreto de la Redención.

Para tu mayor gloria, amable Rey de los án- geles, deseo alabar y honrar a tus servidores, los santos ángeles, en particular a mi Angel de la Guarda. En unión de los santos ángeles te adoro y reverencio como mi Salvador y mi Dios.

Espíritu Santo, divino Artista, Dedo de la mano de Dios, con tu poder y amor creaste los ejércitos de los ángeles para adorar y servir a Dios. Lo cumplen con fidelidad constante y pronta obediencia. Con amor ferviente y santo celo ejecutan tus órdenes. Divino Espíritu, Tú nos creaste también a semejanza tuya y nos convertiste en templos vivos de nuestras almas.

Te doy gracias por habernos dado tus santos ángeles, que nos ayudan, protejen y guían para que perseveremos en tu gracia durante el viaje de la vida y lleguemos salvos a nuestro hogar del Cielo. Ayúdame a escuchar atentamente sus órdenes para cumplir perfectaménte tu santa voluntad y hallar al mismo tiempo felici- dad en esta vida y en la venidera.

Santísima Trinidad, Padre, Hijo y Espíritu Santo, en honor de los santos ángeles te pido que, si es tu voluntad, me concedas esta gracia particular *(Mencione el favor que desea).*

Oración a los Angeles

ANGELES y Arcángeles, Tronos y Dominaciones, Principados y Poderes, Virtudes de los Cielos, Querubines y Serafines alaben al Señor por siempre.

Alaben al Señor todos sus ejércitos, siervos que cumplen su voluntad.

Santo Angel que confortaste a Jesucristo, nuestro Señor, ven y confórtanos a nosotros también. ¡Ven, no tardes!

Oración a nuestro Angel de la Guarda

QUERIDO Angel de la Guarda, por la misericordia de Dios me has sido dado para que seas el fiel compañero de mi destierro en este mundo. Te honro y amo como amigo devoto a quien Dios ha encomendado el cuidado de mi alma inmortal. Te doy gracias de todo corazón por tu amor y constante cuidado de mí.

Queridísimo amigo-Angel, te pido me guardes y protejas a mí, pobre pecador. Guíame por el camino de la vida. Amonéstame contra cualquier ocasión de pecado, llena mi alma de saludables pensamientos y decidido ánimo de practicar la virtud. Intercede para que yo participe de tu ardiente celo en el servicio de Dios y con devoción ame su divina voluntad.

Perdóname, querido Angel de la Guarda, por haber menospreciado con tanta frecuencia tus consejos y no haber hecho caso de tus inspiraciones. Procuraré en lo futuro obedecerte con decisión y fidelidad. Tú sabes lo que vale mi alma a los ojos de Dios. No me permitas olvidar que fue redimida por la preciosa Sangre de nuestro Señor Jesucristo. Que ninguna mancha de pecado desfigure la belleza de mi alma, ningún mal pensamiento o acción me prive de la dignidad de hijo de Dios. No permitas que yo sirva de escándalo, ni sea ocasión de pecado para otros destruyendo así la obra que Cristo ha realizado en sus almas con su dolorosísima Pasión y Muerte.

Querido Angel Guardián, haz que yo disfrute de tu protección en este peligroso camino de la vida hasta alcanzar mi eterno hogar en el Cielo donde, en unión contigo y los demás Angeles y Santos, alabe para siempre la misericordia que Dios tiene conmigo. Amén.

Oración final

¡OH Dios! por tu providencia te has complacido en mandar tus santos ángeles para que nos protejan, nos defiendan siempre, nos custodien y disfrutemos de su compañía.

¡Señor! te suplicamos visites nuestro hogar y alejes todas las asechanzas del enemigo. Que tus santos ángeles habiten en nuestra casa y nos custodien en paz. Tu bendición siempre nos acompañe.

¡Todopoderoso y eterno Dios! en tu amable providencia has designado a todos desde el día de su nacimiento un ángel particular para que sea Guardián de su cuerpo y alma. Concédeme amar y honrar al mío de tal modo que, protegido por su gracia, y con su ayuda, merezca contemplarte en su compañía y la de todos los ejércitos celestiales, la gloria de tu rostro en el Reino celestial. Tú que vives y reinas por los siglos de los siglos. Amén.

SAN JUDAS TADEO

(28 de Octubre)

El Apóstol de los necesitados

MEDITACION

SAN Judas Tadeo estaba íntimamente relacionado con nuestro Señor por su parentesco con San Joaquín y Santa Ana, padres de la Santísima Virgen. Sobrino nieto de estos dos santos, es a la vez sobrino de María y José, de donde resulta ser primo de nuestro Señor.

Judas es hermano del Apóstol Santiago el Menor. Tenía otros dos hermanos a quienes llama el Evangelio "hermanos" de Jesús. Cuando nuestro Señor regresó de Judea a Nazaret, comenzó a enseñar en la sinagoga. Las gentes que le oían estaban asombradas y decían: "¿De dónde le ha llegado tanta sabiduría y ese poder de hacer milagros? ¿No es el hijo del carpintero? ¿No se llama su madre María y sus hermanos Santiago, José, Simón y Judas?" (Mt 13, 54).

La palabra "hermanos" en hebreo comúnmente significa un pariente próximo. El padre de Judas era Cleofás. El nombre de su madre era María, que era pariente próxima de la Virgen Santísima. Ella también permaneció junto a la Cruz cuando murió Cristo. "Cerca de la cruz de Jesús estaban su madre, y la hermana de su madre, María, esposa de Cleofás, y María Magdalena" (Jn 19, 25).

Durante su adolescencia y juventud, Judas sería compañero de Jesús. Cuando Jesús comenzó su vida pública, Judas dejó todo por seguirle. Como Apóstol, trabajó con gran celo por la conversión de los paganos. Fue misionero por toda la Mesopotamia durante diez años. Regresó a Jerusalén para el Concilio de los Apóstoles. Después se unió a Simón en Libia, donde los dos Apóstoles predicaron el Evangelio a los habitantes de aquel país.

Refiere la tradición que Judas y Simón sufrieron martirio en Suanis, ciudad de Persia, donde habían trabajado como misioneros. A Judas le dieron muerte con una cachiporra. Por eso, se le representa con una porra sobre la cabeza. Luego, le cortaron la cabeza con un hacha. Transladaron su cuerpo a Roma y sus restos se veneran ahora en la Basílica de San Pedro.

San Judas es conocido principalmente como autor de la Carta de su nombre en el Nuevo Testamento. Carta probablemente escrita antes de la caída de Jerusalén, por los años 62 al 65. En ella, Judas denuncia la herejías de aquellos primeros tiempos y pone en guardia a los cristianos contra la seducción de las falsas doctrinas. Habla del juicio que amenaza a los herejes por su mala vida y condena los criterios mundanos, la lujuria y "a quienes por interés adulan a la gente". Anima a los cristianos a permanecer firmes en la fe y les anuncia que surgirán falsos maestros, que se burlarán de la Religión, a quienes Dios, en cambio, les tiene reservada la condenación.

A la soberbia de los malos contrapone la humilde lealtad del Arcángel San Miguel. Anima a los cristianos a levantar un edificio espiritual llevando una vida fundada en la fe, amor de Dios, esperanza y oración. Alienta la práctica del amor al prójimo; exhorta a los cristianos a que sean pacientes y con sus vidas virtuosas conviertan a los herejes.

Judas concluye su carta con una oración de alabanza a Dios por la Encarnación, pues por ella Jesucristo, Palabra eterna de Dios, tomó sobre sí nuestra naturaleza humana para redimirnos.

La fiesta de los Santos Simón y Judas se celebra el 28 de Octubre.

LA PALABRA DE DIOS

"Les aseguro que el que tiene fe en Mí hará las mismas cosas que Yo hago, y aun hará cosas mayores."

—Jn 14, 12

"¿No es el hijo del carpintero? ¿No se llama su madre María y sus hermanos Santiago, José, Simón y Judas?"

—Mt 13, 55

"Edifíquense a sí mismos sobre las bases de su santísima fe, orando en el Espíritu Santo. Manténganse en el amor de Dios, esperando la misericordia de nuestro Señor Jesucristo, que los llevará a la vida eterna."

—Judas 20-21

ORACIONES

Oración propia de la Novena

GLORIOSO San Judas Tadeo, por los sublimes privilegios con que fuiste adornado durante tu vida; en particular por ser de la familia humana de Jesús y por haberte llamado a ser Apóstol; por la gloria que ahora disfrutas en el Cielo como recompensa de tus trabajos apostólicos y por tu martirio, obtenme del Dador de todo bien y don perfecto todas las gracias que ahora necesito *(Mencione los favores que desea)*.

Que guarde yo en mi corazón las enseñanzas divinas que nos has dado en tu carta: construir el edificio de mi santidad sobre las bases de la santísima fe, orando en el Espíritu Santo; mantenerme en el amor de Dios y esperando la misericordia de Jesucristo, que nos llevará a la vida eterna; y procurar por todos los medios ayudar a quienes se desvíen.

Que yo alabe la gloria y majestad, el dominio y poder de aquel que puede preservar de todo pecado y presentarme sin mancha ante nuestro divino Salvador, Jesucristo nuestro Señor. Amén.

Consagración a San Judas

SAN Judas, Apóstol de Cristo y Mártir glorioso, deseo honrarte con especial devoción. Te escojo como mi patrón y protector. Te encomiendo mi alma y mi cuerpo, todos mis intereses espirituales y temporales y asimismo los de mi familia. Te consagro mi mente para que en todo proceda a la luz de la fe; mi corazón para que lo guardes puro y lleno de amor a Jesús y María; mi voluntad para que, como la tuya, esté siempre unida a la voluntad de Dios.

Te suplico me ayudes a dominar mis malas inclinaciones y tentaciones evitando todas las ocasiones de pecado. Obtenme la gracia de no ofender a Dios jamás, de cumplir fielmente con todas las obligaciones de mi estado de vida y practicar las virtudes necesarias para salvarme.

Ruega por mí, Santo Patrón y auxilio mío, para que, inspirado por tu ejemplo y asistido por tu intercesión, pueda llevar una vida santa, tener una muerte dichosa y alcanzar la gloria del Cielo donde amar y dar gracias a Dios eternamente. Amén.

Oración final

¡OH Dios! Tú diste a conocer tu nombre por medio de los Apóstoles. Por intercesión de San Judas, haz que tu Iglesia continúe fortaleciéndose y aumente el número de sus fieles. Te lo pedimos por Cristo nuestro Señor. Amén.

NUESTRO SANTO PATRON

(Todos los Santos, 1ro de Noviembre)

MEDITACION

SANTOS son quienes se distinguen por sus virtudes heroicas durante la vida y que la Iglesia honra como Santos, sea por la autoridad de su ordinario y universal magisterio o por una definición solemne llamada canonización. Para que la Iglesia reconozca oficialmente la santidad de una persona es necesario que ésta se halle ya en gloria, que se la pueda invocar en todas partes y que sus virtudes, durante la vida o el martirio, sirvan de testimonio y ejemplo a los fieles cristianos.

La Iglesia honra a los Santos que están ya con el Señor en la Gloria porque, con el ejemplo de su vida heroica, nos sirven de estímulo y además porque interceden ante Dios por nosotros.

Nuestra unión con Cristo hace que estemos unidos con todos aquellos que forman parte de la gran familia de Dios, la Comunión de los Santos. Nosotros, en la tierra, miembros de la Iglesia militante, todavía presentamos batalla como buenos soldados de Cristo; todavía caminamos a la Casa del Padre. Entre tanto, somos ayudados y animados por los victoriosos y santos miembros de la familia, la Iglesia triunfante de Cristo en el Cielo. Honremos a los Santos y esforcémonos por imitar sus ejemplos y vidas virtuosas.

El amor y unión que disfrutamos en la Comunión de los Santos se manifiesta también por la práctica de invocar a los Santos del Cielo como nuestros patronos e intercesores ante Dios. Intercesión muy poderosa porque han manifestado en la tierra tener mucho amor de Dios. Además, porque es una manera de participar en los méritos que ganaron con sus vidas heroicas.

Desde los primeros siglos del Cristianismo se ha llamado Santo o Beato Patrón a aquel que alguna comunidad, organización, lugar o persona haya escogido como especial intercesor ante Dios. Costumbre que tuvo origen en el hecho de que al cambiar de nombre indicaba transformación en la persona misma. Por ejemplo: Abram en Abrahan, Simón en Pedro, Saulo en Pablo. La costumbre también es debida a la práctica de haberse construído iglesias sobre tumbas de mártires.

En el Bautismo y Confirmación recibimos el nombre de un Santo a quien imitar y encomendarnos. Debemos encomendar frecuentemente al Santo Patrón nuestras necesidades de alma y cuerpo, especialmente en la fiesta del Santo. Se le puede honrar, por ejemplo, haciendo una novena en su honor.

LA PALABRA DE DIOS

"[¡Oh Señor!] por tu sangre compraste para Dios a hombres de toda raza, lengua, pueblo y nación. Has hecho de ellos un reino y sacerdotes para el servicio de nuestro Dios y dominarán toda la tierra."   —Ap 5, 9-10

"Nosotros somos el Templo de Dios vivo. Como Dios ha dicho: 'Habitaré y viviré en medio de ellos, seré su Dios y ellos serán mi pueblo'."   —2 Cor 6, 16

"El que a ustedes los llamó es Santo y también ustedes han de ser santos en todo lo que hagan; pues está escrito: 'Ustedes serán santos porque Yo lo soy'."
—1 Pe 1, 15-16

ORACIONES

Oración propia de la Novena

GRAN Santo N., te escogieron en mi Bautismo como guardián y testigo de mis obligaciones. Bajo tu nombre fuí entonces hecho hijo de Dios por adopción, renuncié a Satanás, a sus obras y falsas promesas. Con tu poderosa intercesión ven en mi ayuda para que yo cumpla aquellas sagradas promesas. Tú también las hiciste en los días de tu peregrinación por la tierra. Tu fidelidad en conservarlas hasta el fin te ha merecido la vida eterna.

Yo estoy llamado a la misma felicidad que tú disfrutas ya. Se me ofrece la misma ayuda con que tú pudiste conseguir la vida eterna. Tú venciste las tentaciones que yo experimento.

Ruega por mí, Santo Patrón, para que, inspirado por tu ejemplo y asistido con tus oraciones, pueda yo llevar una vida santa, tener una muerte dichosa y alcanzar vida eterna alabar y dar gracias a Dios en el Cielo contigo.

Te suplico ruegues a Dios que, si es su voluntad, me conceda esta gracia particular *(Mencione el favor que desea)*.

Oración final

DIOS todopoderoso y eterno, te has complacido en hacer a tu Iglesia ilustre por el variado esplendor de los Santos. Al venerar su memoria, podamos nosotros también seguir sus claros ejemplos de virtud en la tiera y así obtener la corona del Cielo. Te lo pedimos por Cristo Nuestro Señor. Amén.

SAN MARTIN DE PORRES

(3 de Noviembre)

Martín de la caridad

MEDITACION

"MARTIN, el Bueno" o "Martín, el caritativo" le llamaba la gente de Lima donde el morenito o "mulato" Martín fue tan querido en los años 1600 a 1639. Desde el año 1962 todos le llamamos *San Martín de Porres,* porque el Papa Juan XXIII le canonizó.

Martín nació en Lima, capital del Perú, el 9 de Diciembre de 1579. Su padre, Juan de Porres, español de Burgos, era Gobernador de Panamá. Ana Velázquez se llamaba la madre que, por su gentileza, había obtenido la libertad. Era medio negra y medio india. Del noble español, Gobernador de

Panamá, y de la "negrita" Ana nació otra niña dos
años después, pero las diferencias raciales y rango
social hicieron que Martín figurase en la Fe de
Bautismo como "hijo de padre desconocido." Sus
padres no eran casados.

Pronto quedaron solos en Lima el niño Martín
con su mamá y la hermanita. Su padre tenía que
ocuparse de Guayaquil, el puerto de mar en el
Ecuador. Martín crecía muy piadoso y compasivo
compartiendo con otros niños lo que su madre
"abandonada" le podía dar.

Cuando el niño tenía ocho años se presentó en
Lima su padre y encantado con su negrito se lo
llevó a Guayaquil, donde le buscó maestro particular para educarle a su lado. Esto duró sólo dos años.
De nuevo en Lima, en un barrio pobre con los "de
color", bajo el cuidado de su madre crecía con
Juanita, su hermana.

Ana Velázquez, como buena madre, se preocupó
por que su hijo supiera ganarse la vida. Le colocó al
servicio del barbero-dentista D. Manuel Rivero en
Lima. Martín era feliz. Aprendió el oficio y gozaba
sirviendo como barbero-enfermero. Había encontrado
su vocación de amar a Dios sirviendo a los demás. Ya
ganaba plata: mitad para su madre y mitad para
obras de caridad. De egoísta no tenía nada.

Su ideal era ser santo: como el Obispo de Lima,
Santo Toribio de Mogrovejo; como San Juan
Masías, hermano lego en los dominicos; como San
Francisco Solano aquel gran misionero franciscano;
como Santa Rosa de Lima, bautizada en la misma
iglesia que Martín cinco años antes que él. Estos
cuatro santos vivían en la misma Ciudad y al mismo
tiempo que Martín.

El jovencito barbero-enfermero era feliz: ayudaba a Misa todos los días antes de ir al trabajo y pasaba largos ratos de oración al anochecer, oculto, en la propia habitación. Servir a Dios, servir a los demás, olvido de sí mismo. Así Martín desarrollaba su personalidad. Ya tiene 16 años. Su madre puede vivir sin él.

Martín se dirigió a los Dominicos. Quiere vivir en el Convento del Santo Rosario. Pero como el último de todos. No pretende ser como los Padres, ni aun siquiera como Hermano. Sencillamente como "Donado", un criadito sin paga. Don Juan de Porres, el noble castellano y Gobernador de Panamá, no podía tolerar que su hijo entrara en el convento para oficio tan humilde. "Un hijo mío, si es fraile, tendrá que ser como el más alto de los Padres".

No era ese el parecer de Martín: "Un hijo de Dios llega a grande siendo el último entre los frailes." Martín entró de "Donado", como sirviente. Ni siquiera como Hermano; mucho menos como Padre. Su virtud era tan notable que, nueve años después, a petición del Superior y por obediencia, profesaba como Hermano y vistió el hábito de fraile.

Martín crecía para Dios y para los demás: oración, largos silencios a solas con Dios; éxtasis y milagros que Dios multiplicaba por él, hasta resucitar algún muerto. Martín es el limosnero del convento y de la ciudad. Los ricos todos le dan, porque saben que Martín lo multiplica para los pobres: comida, ropa, monedas, la fundación del centro para los niños huérfanos.... Discretamente llegaba hasta las familias "vergonzantes", que no tenían valor para pedir como pobres.

Penitencia. Mucha penitencia para sí mismo, a solas; especialmente en la Cuaresma y Semana Santa. Parecía un hombre de tres corazónes: de *fuego* para Dios por su fervor; de *carne* por su compasión y ayuda a los demás; de *acero* por el rigor y dominio de sí mismo.

Inocencia de Dios, recobrada como aquella de San Francisco de Asís: todas las criaturas son buenas, todos los hombres son hermanos. Por eso Martín decía una vez a un ratoncito que pilló en el ropero de la sacristía: "Hermanito ratón. No sé si eres tú culpable del daño causado en la sacristía a los guardarropas. Pero hoy mismo tú y tus amigos van a salir del monasterio para no volver más."

Martín "el Bueno", sin embargo, tenía que luchar todos los días consigo mismo y contra el diablo. Por mantenerse en humildad llegó a ofrecerse en venta como esclavo: "Padre Prior, no dude: véndame y pague sus deudas." Cuando las pasiones de orgullo, lujuria y avaricia ya estaban perfectamente subyugadas, Dios ofreció a Martín otro campo de batalla: mano a mano con el diablo. Como el Santo Cura de Ars siglos después Martín era intimidado y golpeado por el diablo. Le oían decir en la celda: "¿A qué has venido? Esta no es tu habitación. Vete inmediatamente." El Maestro de Novicios, Padre Andres, dijo alguna vez: "Este mulato va a ser santo. De noche libra fuertes batallas con el diablo."

Al venir el otoño, Martín sufría de paludismo todos los años. El día 3 de Noviembre de 1639 decía al Hermano Antonio: "No llores, Hermano, quizás en el Cielo sea más útil que aquí." Pidió los Sacramentos, miró en derredor, pidió perdón a todos. Los monjes cantaban la Salve y el Credo. Entonces

Martín expiró: 3 de Noviembre de 1639 por la mañana.

El Papa Juan XXIII lo canonizó el día 6 de Mayo de 1962. Con tan solemne ocasión escribió: "Martín excusaba las faltas de otros. Perdonó las más amargas injurias, convencido de que él merecía mayores castigos por sus pecados. Procuró de todo corazón animar a los acomplejados por las propias culpas, confortó a los enfermos, proveía de ropas, alimentos y medicinas a los pobres, ayudó a campesinos, a negros y mulatos tenidos entonces como esclavos. La gente le llama 'Martín, el Bueno'."

LA PALABRA DE DIOS

"El Rey responderá: 'Les aseguro que todo que lo hicieron con alguno de estos más pequeños, que son mis hermanos, lo hicieron por Mí'." —Mt 25, 40

"Si alguno dice 'Yo amo a Dios' y al mismo tiempo odia a su hermano, es un mentiroso. ¿Como puede amar a Dios a quien no ve, si no ama a su hermano a quien ve?" —1 Jn 4, 20

"Como saben, consideramos dichosos a los que fueron pacientes." —Stgo 5, 11

ORACIONES

Oración propia de la Novena

GLORIOSO San Martín de Porres, desde tu infancia hasta la muerte supiste equilibrar admirablemente la dignidad de hijo de Dios con la humildad de tu nacimiento y menosprecios raciales. Procediste como el último de todos, sirviendo abnegadamente. Siempre gozoso por estar consciente de que Dios es nuestro Padre; te sentías hijo amado de El.

Ya ves lo mucho que yo necesito de tu ejemplo y de tu intercesión para lograr mi personalidad de cristiano: con títulos humanos y humildad de cristianos. Alcánzame la gracia de seguir tu ejemplo, de prepararme muy bien en un oficio o título profesional con que yo pueda desarrollar mis talentos siendo útil a la sociedad y en especial a mi familia.

Martín el Bueno te llamaban todos porque no guardabas complejo vengativo por el color de tu piel ofendida. Ni te entregaste al placer o a los juegos para ahogar las penas; ni siquiera guardabas rencor a tu padre porque no vivía en el hogar. Con abundancia de bien tú respondiste cuando te rodeaba tanto mal. Haz que yo y el orgullo herido de tantas personas hoy en la sociedad reaccionemos como tú, paciente, amable, devolviendo bien por mal.

Por tu medio quiso Dios dar pruebas de su bondad hasta hacer milagros en bien de los demás. Por eso te pido con humildad y confianza me obtengas la gracia particular de esta novena *(Mencione el favor que desea).*

Agradezco de antemano tu gloriosa intercesión en mi favor. Reconozco que Dios ha mostrado especial complacencia en ti y que por tu humildad amable nos acerquemos a su grandeza adorable. Bendíceme, bendice a mi familia, ven en ayuda nuestra como lo hacías con tu madre, con tu hermanita y con los más necesitados de Lima.

Ya glorioso, junto a Dios, me estás invitando a luchar contra el mal, como lo hiciste personalmente contra el Malo. Obtenme la fortaleza necesaria para superar mi debilidad: orgullo, codicia, sexualidad. Con tu ayuda llegue también yo a la victoria.

Oración por los Hispanos

SAN Martín de Porres, tú hablabas español como nosotros; tu color, tu pobreza, tu hogar podrían haberte deprimido en aquella sociedad.

Pero la dignidad de hijo de Dios por tu fe bautismal en la Iglesia católica te elevó por encima de aquella nobleza de la Ciudad de los Reyes.

Haz que los Hispanos en América, en la del Norte especialmente, estén conscientes de su propia dignidad. Se preparen en las escuelas, consigan títulos de trabajo, tengan afán de superación hasta llegar ellos o sus descendientes a ser dirigentes en esta sociedad.

Que todos: en el hogar, en el trabajo, en la calle y en todo lugar tengan sentido de responsabilidad. Como tú, glorioso Martín de Porres, lograste ser responsable tanto de seglar como luego de fraile.

Que descubran y fomenten la grandeza de su Fe, católica como la tuya, fuente de fortaleza en esperanza. Muchos son "de color" como tú. Ni drogas, ni abandono, ni desprecios, ni robos, ni abusos sexuales sean sus caminos, que llevan a la esclavitud.

Martín glorioso, tú cantas victoria en el Cielo. Que te miren todos los que buscan la liberación aquí en este suelo. Enséñanos el camino de la auténtica personalidad. Amén.

Oración final

SEÑOR, Tú condujiste a San Martín a la gloria eterna por medio de su humildad. Ayúdanos, te rogamos, a seguir el ejemplo de santidad y poder ser dignos de ser exaltados junto con él en el Cielo. Te lo pedimos por Jesucristo nuestro Señor. Amén.